Maria Drewes

Das Knödelbuch

Mit Farbbildern
von Gustav Sonnewend

Tyrolia-Verlag Innsbruck-Wien

Dank an das Tiroler Heimatwerk in Innsbruck
für die Bereitstellung von Geschirr

Die Deutsche Bibliothek – CIP-Einheitsaufnahme

Drewes, Maria:
Das Knödelbuch / Maria Drewes. –
Miniausg., – 5. Aufl., 46.–60. Tsd. –
Innsbruck ; Wien : Tyrolia-Verl., 1995
ISBN 3-7022-1713-4

1995

Gesamtherstellung: Athesia-Tyrolia Druck, Innsbruck

Vorwort

Was ich liebe

Ich liebe, was gewölbt und rund:
den Korb, den Krug, die Magd, den Mund,

die Schüssel, gut in meiner Hand,
das Brot, den kühlen Brunnenrand,

den Apfel, der vom Baume fällt,
den Mond, die tränenschwere Welt,

die Sichel, die durchs Kornfeld geht,
die hohle Hand, die schöpft und sät,

das Aug', das froh die Dinge schaut,
den Schoß, dem Leben anvertraut,

und alles, was so fromm und still
empfängt und gibt und dienen will.

In diesem wunderbaren Gedicht von Christine Busta fehlt der runde Knödel. Natürlich! Denn in der Knödelgeographie ist die Wiener Heimat der

Dichterin schon ein Außenbezirk der Knödel-Ursprungsländer. Meine kulturhistorische Vermutung geht dahin, daß die Länder am Inn in ihrer barocken Lebensfreude dieses herrliche, wunderbare Gebilde hervorgebracht haben: das Innviertel, Bayern – sie heißen immer noch die Knödelbayern – und Tirol. Es ist auch vorstellbar, daß schon die alten Römer ihrer kreisrunden Fladenbrote überdrüssig wurden und den kugelrunden „gnodus“, später „nodus“, erfanden in der nüchternen Erkenntnis, daß die Kugel der vollkommenste geometrische Körper ist. Daraus folgt, daß der Stammvater aller Knödel der Brotknödel wäre. Später wurde die unförmige Kartoffelknolle zum Kartoffelknödel veredelt. Das führte zu einer unwürdigen Rivalität. Nach Beendigung des Kriegszustandes blühte das Kartoffelland herrlich und vielfältig auf. Auf dem phantastischen Baum der Knödelphilosophie hängen inzwischen – wie es dieses Buch kundtut – eine Vielfalt von Knödeln, pluralistisch, aber in friedlicher Koexistenz.

Und sind die Knödel dann auf dem Tisch, dann werden wir selber ganz fromm und still und empfangen die königliche Speise, zwischen den Händen der Köchin zur edlen Kugelgestalt geformt; und wir machen ein gutes und verliebtes Gesicht dazu. Unserer Gesundheit dient diese Speise dann am besten, wenn wir uns nach altem Brauch erst nach zwei bis drei Knödelbrocken ein Fleischbröckerl vergönnen und etwa den guten Brotknödel mit Vollwertmehl zum reuelosen Vollgenuß machen.
„Und jetzt sitzt's enk her zum Tisch,
greift's zua: Knödl gibt's."

Dr. Anton Puttinger,
Bad Dürnberg

Zubereitung von Obstknödeln (S. 84) ▷

Wichtige Hinweise für die Knödelzubereitung

- Die Mengen der Rezepte sind für *4 Personen* berechnet.
  Abänderungen sind notwendig, wenn Knödel als Suppeneinlage verwendet werden, z. B. Leberknödel, Tiroler Knödel, Spinatknödel u. a.
- 1 Semmel entspricht ca. 4 dag trockenem Knödelbrot.
- Getrocknetes Knödelbrot benötigt etwas mehr Flüssigkeit und braucht länger zum Durchziehen.
- Unter altbackenen Semmeln versteht man 1 bis 3 Tage altes Brot. Dieses läßt sich besser feinwürfelig oder in schmale Stangerln schneiden, die gut durchziehen und binden.
- Die meisten Knödelteige formt man mit angefeuchteten Händen oder mit einem Löffel und einer nassen Hand oder auch mit zwei Löffeln, besonders bei kleineren Knöderln.

- Manche Knödel kann man auch in etwas glattem Mehl drehen, damit sie beim Kochen leichter zusammenhalten.
- Die Knödel in weiten Gefäßen kochen und nicht zu dicht einlegen, damit sie gut aufquellen können und die Form behalten.
- Knödel sollen nicht zugedeckt und wallend kochen, sondern offen und leicht ziehend, sonst zerfallen sie. Zu kaltes Wasser kann das gleiche bewirken.
- Die Kochzeit muß auf die Größe der Knödel abgestimmt werden. Zu langes Kochen macht zum Beispiel Semmelteige eher zäh; Erdäpfel-, Brand- und Topfenteige zerfallen dann leicht.
- Knödel können auch mit Vollmehl und Vollmehlsemmeln hergestellt werden.
- Fertig gegarte Knödel schmecken sofort gegessen am besten.
- Manche Knödelgerichte, besonders die mit den einfachen Zutaten wie z. B. die Waldviertler Erdäpfelknödel oder die Mehlknödel, müssen zweimal probiert werden, bis sie richtig gelingen.

- Einige der in diesem Büchlein aufgezeigten originellen Rezepte stammen aus Urgroßmutters Küche, haben historischen Wert und sind kostbare Beispiele für die Wirtschaftlichkeit und Kreativität der Köchin früherer Zeiten.
- Wenn fünf Köchinnen aus dem gleichen Rezept Knödel zubereiten, so wird jeder anders aussehen und auch schmecken, weil die persönliche Art der Zubereitung ein typisches Gericht ergibt.

Dieses kleine Knödelbuch soll auch Anregung sein, die alten Rezepte auszuprobieren, mehr aber noch, sie für unsere heutige Küche anzupassen und in ihrer Zusammensetzung und in der Verbindung mit Soßen und Beilagen zu eigenen Schöpfungen zu gestalten.

Dazu gutes Gelingen wünscht

Maria Drewes

abschmälzen	mit goldgelb erhitzter Butter übergießen
Backfett	Öl oder ein anderes Backfett
Backschmalz	Butterschmalz,
Dampfl	Hefeprobe
Erdäpfel	Kartoffeln
Germ	Hefe
Graukas	gereifter Topfen
Marillen	Aprikosen
Milchwasser	halb Wasser, halb Milch
Obers	Rahm, Sahne
Paradeiser	Tomaten
Porree	Lauch
Schöpsernes	Schaffleisch
Schwarzplenten	Buchweizen, Heidenmehl
Topfen	Quark
Zieger	sehr scharfer Buttermilch- oder Molkekäse
1 dag	10 Gramm
EL	Eßlöffel
KL	Kaffeelöffel
l	Liter

Vorarlberger Brätknöderl
als Suppeneinlage

4 dag Butter, 1 Ei, 10 dag Brät (rohe Bratwurstfülle), Salz, Muskat, Petersilie, 1 Semmel, 1 EL Brösel

Butter und Ei gut abtreiben, Brät und erweichtes, gut ausgedrücktes und passiertes Brot, Brösel und Gewürze einmischen. Mit Bröseln festigen. Kleine Knöderl formen und 10 Minuten in der Suppe ziehen lassen.

Kalbfleisch- oder Hühnerfleischknöderl

15–20 dag Kalbfleisch- oder Hühnerfleischreste fein wiegen und wie die Brätknöderl weiterverarbeiten. Zu Kalbfleisch etwas Zitronensaft als Würze zusätzlich beigeben.

Bröselknöderl
als Suppeneinlage

3 dag Butter, 1 Ei, Petersilie, 1 Semmel, 3 dag Brösel, evtl. ganz wenig Mehl, Salz, Pfeffer, Muskat

Butter flaumig rühren, zerklopftes Ei, eingeweichtes, ausgedrücktes und passiertes Brot, die übrigen Zutaten und Gewürze zugeben, gut mischen, kleine Knöderl formen und 5 Minuten in Suppe ziehen lassen.

Hirnknöderl
als Suppeneinlage

Bröselknödelmasse – 15 dag Kalbshirn, 2 dag Butter, Petersilie

Kalbshirn blanchieren, enthäuten und in Butter andünsten. Gewiegte Petersilie untermischen, klein hacken und zur Bröselknödelmasse geben. Wie diese weiterverarbeiten.

Grüne Knöderl (Kräuterknöderl)

Bröselknödelmasse – Petersilie, Kerbel, Estragon – etwas Porree, feines Zwiebelrohr von Schalotten, evtl. Spinatblätter weichgedünstet

Alles zusammenmischen, etwas anziehen lassen, Knöderl formen und in Suppe oder Salzwasser kochen.

Kasknödel (S. 34)

Speckgrießknöderl
als Suppeneinlage

5 dag Speck, ¼ l Milch, Salz, Muskatnuß, 10 dag Grieß, 1 Ei – Fleischsuppe

Würfelig geschnittenen Speck glasig ausbraten, mit Milch aufgießen, salzen und mit Muskat würzen. Grieß in die kochende Milch einrühren und überkühlen lassen. Die Masse gut mit dem Ei abbinden, kirschgroße Knöderl formen, diese in der leicht kochenden Fleischsuppe 5 Minuten ziehen lassen.

Markknöderl

8 dag Rindsmark, 1 Ei, Petersilie, 1 Semmel, 3 dag Brösel, Mehl, Salz, Pfeffer

Zerlassenes Mark durchseihen und mit dem Ei flaumig rühren. Erweichtes, feingehacktes Brot zugeben und mit den übrigen Zutaten vermischen. 20 Minuten stehen lassen. Weiter wie oben.

Bunte Knöderl
als Suppeneinlage

4 dag Butter, 1 Ei, 2 Semmeln, Brösel, Salz, Petersilie – Spinat und Milz

Abtrieb bereiten, mit dem erweichten, gut ausgedrückten und passierten Brot und Gewürzen mischen. Die Masse mit Bröseln festigen und in drei Teile teilen.
Ein Teil bleibt hell.
Ein Teil wird mit 1 EL passiertem Spinat, etwas Parmesan, evtl. etwas Knoblauch vermischt.
Den letzten Teil mit 1 EL geschabter Milz, Majoran und Pfeffer mischen.
Aus diesen Massen kleine Knöderl formen und in Salzwasser kochen. Als Suppeneinlage verwenden.

Zur Zeit sind in der Gastronomie sogenannte „Tris“ sehr beliebt. Es werden ein Leber-, ein Kas- und ein Speckknödel oder andere Kombinationen angeboten.

Grünkernknöderlsuppe

Gemüsesuppe: ca. 50 dag gemischtes Gemüse (je nach Jahreszeit Karotten, Porree, Kohlrabi, Karfiol, Bohnen, Erbsen, Broccoli . . .), 1½ l Wasser, Salz, Schnittlauch
Knöderl: ⅛ l Milchwasser, Salz, 4 dag Butter, 8 dag Grünkernmehl – 1 EL Parmesan, Muskat, Petersilie, 1 Ei

Für die Knöderl das Milchwasser mit Salz und Butter zum Kochen bringen, Mehl einrühren, bis sich ein Knödel bildet, zum Auskühlen stellen.
Inzwischen Gemüse waschen, putzen und gefällig zerkleinern, in Salzwasser überstellen.
In die überkühlte Knödelmasse Parmesan, Muskat, gewiegte Petersilie und das Ei einrühren, kleine Knöderl formen und in der Gemüsesuppe etwa 10 Minuten ziehen lassen. Mit Schnittlauch bestreut anrichten.
Man kann auch Fleischsuppe oder eine beliebig andere Suppe verwenden.

Tiroler Speckknödel

6 trockene Semmeln, schwach ¼ l Milch, 2–3 Eier, 10 dag Speck, 15 dag geräucherte Wurst (evtl. auch Selchfleisch oder harte Selchwürstl wie Kaminwurzen), 3 dag Butter, ½ Zwiebel, Petersilie, Schnittlauch, etwa 3 EL (6–8 dag) Mehl, Salz – Fleischsuppe oder Salzwasser

Die Semmeln kleinwürfelig schneiden und salzen. Die Milch mit den Eiern versprudeln, über das Brot gießen, leicht unterziehen, zudecken und ½ Stunde stehen lassen. Den Speck sehr fein schneiden und ausbraten. Weiche Selchwurst ebenso klein schneiden und ausbraten, harte Wurst wiegen und direkt zum Brot geben. Die in Butter geröstete Zwiebel und die geschnittenen Kräuter beifügen. Das Mehl darüberstreuen und mit einem Kochlöffel alles zusammenmengen und zusammendrücken. Die Masse soll eher fest sein, aber nicht schmieren. Mit nassen Händen 8 bis 12 gleichgroße Knödel formen und gut drehen.

Wenn alle Knödel am Brett liegen, gibt man einen Probeknödel in die leicht wallende Suppe und läßt ihn ca. 12 Minuten kochen.

Der Knödel soll außen glatt sein und innen eine lockere Masse aufweisen. Ist der Knödel zu weich, gibt man etwas Mehl dazu und drückt beim Runden fester an. Zu feste Knödel können mit Eiermilch gelockert werden.
Gute Knödel steigen in der Suppe sofort auf.

Es gibt sehr viele *Abweichungen* von diesem Rezept der Tiroler Speckknödel. Häufig werden sie auch ohne Wurst und Selchfleisch gemacht, manchmal ohne Zwiebel, öfters entweder nur mit Petersiliengrün oder Schnittlauch. Statt Milch wird auch nur Wasser genommen. Die Auswahl der Wurst und des Brotes und die sorgfältige Zubereitung ergeben die Qualität des Endproduktes.
Nach altem Brauch ißt man den ersten Knödel in der Suppe, den zweiten zu Sauerkraut, Rübenkraut oder Salat wie zum Beispiel Kressesalat, aber auch zu Fleischspeisen, wie zu Gulasch.

Bergnocken

Aus dem Speckknödelteig werden mit einem nassen Löffel Nocken geformt, in heißes Butterschmalz gelegt und abgebraten. Die Bauern nehmen sie mit zum Bergheuen oder zum Holzen. Die Bergnocken werden in einer Brennsuppe oder Erbsensuppe aufgekocht.

Geröstete Knödel

Übriggebliebene Knödel werden blätterig geschnitten und in Butter geröstet. Darüber kann man ein versprudeltes Ei gießen und mit Salat essen.

Saure Knödel

Restliche Knödel werden blätterig geschnitten, mit Zwiebel, Essig und Öl angemacht.

Tiroler Speckknödel ▷

Tiroler Schwarzplentenknödel

4 Semmeln, 10 dag Speck, 1 kleine Zwiebel, viel Petersilie und Schnittlauch, 10 dag geselchte Wurst, 2 Eier, ¼ l Milch, 6 EL Schwarzplentenmehl (Buchweizen, Heiden), 3 EL Weizenmehl, Salz

Weißbrot würfelig schneiden, Speck fein wiegen, anrösten und zum Brot geben, ebenso das feingeschnittene Grünzeug, die gewiegte Wurst, die Eiermilch und die Mehle. Die Masse salzen und einen nicht zu festen Teig anrühren, 20 Minuten stehen lassen, daß er gut durchzieht und quellen kann. Mit nassen Händen Knödel formen und im siedenden Salzwasser etwa 15 Minuten leicht kochen.
Man ißt die Schwarzplentenknödel in Fleischsuppe, besonders aber zu Sauerkraut und Salat oder zu Schöpsernem.

Die steirischen *Hoadnknöderl* (Heidenmehlknödel) werden meist mit Wasser statt Milch und ohne Wurst zubereitet.

Zillertaler Fleischknödel

25 dag Fleischreste oder rohes Rind- oder Schweinefleisch, 5 dag Fett, 1 kleine Zwiebel, Petersilie, 4 Semmeln, 2 Eier, gut ⅛ l Milch, 2 EL Mehl, Salz (evtl. 1–2 gekochte, zerdrückte Erdäpfel) – Fleischsuppe

Fleisch fein aufschneiden oder grob wiegen, feingehackte Zwiebel im heißen Fett anrösten, Fleisch mitrösten und mit der gewiegten Petersilie zu den kleinwürfelig geschnittenen Semmeln mischen. Eier, Milch und Salz darübergeben und eine halbe Stunde ziehen lassen. Zum Knödelformen Mehl darüberstreuen. Die Knödel werden in der Fleischsuppe 15 Minuten gekocht.

Ähnlich sind auch die *Brandenberger Fleischknödel*. Für die *Obersteirischen Fleischknödel* wird oft auch Selchfleisch, etwas gehackte Leber und zusätzlich Liebstöckel und Schnittlauch verwendet.

Gebackene Leberknödel
aus Oberösterreich

15 dag Leber, 5 dag Nierenfett oder Butter, 1 feingewiegte Zwiebel, 1 Ei oder Dotter, 3 altbackene Semmeln, 15 dag Fleisch, etwas Milch oder Fleischsuppe, Petersiliengrün, 1 Knoblauchzehe, Majoran, Pfeffer, Salz, Thymian, Zitronenschale, Semmelbrösel – Backfett

Nierenfett schneiden, zergehen lassen (oder Butter nehmen), erhitzen, Zwiebel anrösten. Würfelig geschnittene Semmeln mit Milch oder Fleischsuppe aufweichen, ausdrücken und passieren. Leber faschieren, ebenso das Abfallfleisch. Alles gut zusammenmengen, Ei und Gewürze zugeben, wenn notwendig mit Bröseln festigen, eigroße Knödel formen und im heißen Schmalz schwimmend backen. In heißer Fleischsuppe aufkochen. Die gebackenen Leberknödel können zu gedünstetem Sauerkraut oder Salat gegessen werden.

▷

Leberknödel

6 trockene Semmeln, schwach ¼ l Milch, 10 dag Butter, 1 kleine Zwiebel, 30 dag Rinds- oder Schweinsleber, 2 Eier, Petersilie, Salz, Pfeffer, Majoran, Zitronenschalen, 1–2 Knoblauchzehen, Brösel – Fleischsuppe

Semmeln kleinwürfelig schneiden, mit kochendheißer Milch übergießen und zugedeckt ½ Stunde ziehen lassen. In heißer Butter die gewürfelte Zwiebel rösten und zum Brot geben. Leber faschieren, mit den Eiern und Gewürzen verrühren und unter das Brot mischen, mit Bröseln festigen. Die Lebermasse soll aber nicht zu fest sein. Mit einem nassen Löffel und einer nassen Hand Knödel formen und in leicht wallender Suppe 20 Minuten kochen.
Die Leberknödel ißt man mit Suppe und Sauerkraut. Dies ist ein besonders lockeres und wohlschmekkendes Leberknödelrezept.

Die *Bachenen Leberknödel* werden zuerst im Fett gebacken und dann erst gekocht.

Steirischer Hochzeitsknödel

12 dag Butter, 4 Eier, Salz, 15 dag Selchfleisch, 6 dag geriebener Emmentaler, 15 dag feingeschnittenes Sauerkraut, 6 feingewürfelte Semmeln – ½ kg grüne Bohnen, 5 dag Speck, 6 kleine Paradeiser

Butter flaumig rühren, zerklopfte Eier und Salz langsam zugeben und gut abtreiben. Selchfleisch fein wiegen und mit dem Käse, Sauerkraut und den Semmelwürfeln zum Abtrieb mischen. Eine Serviette heiß ausschwemmen und mit Butter befetten. Die Masse einwickeln, gut abbinden und in Salzwasser etwa eine halbe Stunde kochen. Dazwischen einmal umdrehen. Nach dem Herausnehmen kurz in kaltes Wasser tauchen, die Serviette lösen, den Knödel anrichten, mit brauner Butter übergießen und mit Bohnen und Paradeisern garnieren.
Die Bohnen in Salzwasser kochen und mit ausgebratenen Speckwürfeln abschmälzen.
Die Paradeiser kreuzweise einritzen, halbweich braten und mit einem Rosmarinbüscherl verzieren.

Spinatknödel

½ kg frischer (oder 20 dag tiefgefrorener) Spinat, 25 dag Knödelbrot, ⅛ l Milch, 2–3 Eier, Salz, Muskatnuß, 2–3 Knoblauchzehen, 2–3 EL Parmesan oder Bergkäse, 5 dag Butter, 1 kleine Zwiebel, 2–3 EL Mehl, Salzwasser – Butter und Parmesan zum Abschmälzen

Spinat blanchieren, gut abtropfen lassen und fein wiegen, im Mixbecher oder mit der Milch pürieren. Die Zutaten mischen. Sollte die Masse zu weich geraten sein, mit Bröseln festigen. Mit nassen Händen Knödel formen und in Salzwasser kochen. Spinatknödel schmecken ausgezeichnet mit brauner Butter abgeschmälzt und mit Parmesan bestreut, als Vorspeise oder Hauptgericht, aber auch als Beilage zu soßigem Fleisch.

Spinatknödel können ebenso aus einem Erdäpfelteig mit etwas Bröseln hergestellt werden.

▷

Kasknödel

6 altbackene Semmeln, gut ⅛ l Milch, 2–3 Eier, 4 dag Butter, 1 kleine Zwiebel, Petersiliengrün, Salz, Kümmel, 20 dag Käse (Bergkäse, Tilsiter, Graukäse, evtl. gemischt mit bröseligem Topfen, Pinzgauer Almkas, zur geschmacklichen Aufwertung etwas Gorgonzola), 2–3 EL Mehl

Semmelwürfel salzen, mit Eiermilch übergießen und ziehen lassen. Zwiebelwürfel in heißer Butter anlaufen lassen, mit gewiegter Petersilie und den Gewürzen zum Brot geben. Käse würfeln oder verbröseln und zugeben, mit Mehl binden, nochmals etwa 10 Minuten ziehen lassen. Die Knödel formen und in Suppe vorsichtig kochen. Manchmal gibt man der Suppe geröstete Zwiebel und gebröselten Graukäse bei. Häufig werden die Kasknödel schwimmend in Butterschmalz gebacken oder flachgedrückt herausgepreßt (*Preßknödel*) und dann erst in der Suppe gekocht. Evtl. 2 gekochte, geriebene Erdäpfel beimengen (Bild S. 17).

Preßknödel

75 dag Erdäpfel, 15 dag trockener Topfen, 15 dag Mehl, 1 Ei, Salz, Schnittlauch, evtl. 1 kleine Zwiebel – Butterschmalz; man kann auch etwas Graukäse oder Bergkäse hineinreiben

Die Erdäpfel am Vortag kochen und schälen. Auf dem Reibeisen grob reiben, ebenso den Käse. Alle Zutaten rasch zu einem Teig verkneten. Kleine Knödel formen und flachdrücken. Diese Preßknödel am besten in Butterschmalz auf beiden Seiten herausbraten und sofort zum Essen bringen. Dazu schmeckt Salat oder auch Milch.
Manche Hausfrauen bereiten eine Fülle aus überdünstetem, gewiegtem und gewürztem Spinat.
Die Knödel können auch noch in Salzwasser mit Zieger kurz aufgekocht werden. Reichlich mit Schnittlauch bestreuen.
Im Zillertal werden diese Erdäpfelpreßknödel als *Zerggl* bezeichnet.

Pilzknödel

10–20 dag Eierschwammerln (oder Pilze), 3 dag Butter, 1 kleine Zwiebel, 5 Semmeln, gut ¼ l Milch, 2 Eier, Salz, Petersilie, 2–3 EL Mehl, Salzwasser

Eierschwammerln putzen, feinwürfelig geschnittene Zwiebel in heißer Butter anrösten, Schwammerln darin halbweich dünsten. Milch, Eier und Salz versprudeln und mit den Pilzen zum feingewürfelten Knödelbrot geben. Petersilie wiegen und mit dem Mehl unter die Knödelmasse mischen. Sollte diese zu weich sein, etwas Grieß zugeben. Knödel formen und in Salzwasser 10 Minuten kochen.

Ausgezeichnet eignen sich auch frische oder getrocknete Steinpilze für die Pilzknödel. Bei der Verwendung von getrockneten Pilzen muß man diese vorher ein paar Stunden einweichen.

Krautknödel

1 kleiner Krautkopf, Salz, 4 dag Butter oder 6 dag Speck, 1 Zwiebel, 3 EL Bröseln, Mehl, 2 Eier, 2 EL Rahm, Pfeffer, Muskatnuß, Salzwasser – Butter und Bröseln zum Abschmälzen

Das Kraut fein schneiden, salzen und stehen lassen. Das dabei entstandene Wasser ausdrücken. Kleingehackte Zwiebel in Butter goldgelb rösten, das Kraut zugeben und halbweich dünsten. Die Bröseln einrühren und auskühlen lassen.
Halbsoviel Mehl, wie das Kraut wog, dazugeben und mit den übrigen Zutaten zu einem eher festeren Teig kneten. Davon eine Rolle formen, Stücke schneiden und diese zu Knödeln rollen. In Salzwasser vorsichtig ziehen lassen.
Die Krautknödel mit gerösteten Bröseln abschmälzen.

Buchweizenknöderl in Gorgonzolasoße

15 dag geschroteter Buchweizen, gut ¼ l Wasser, 15 dag Weizenmehl (oder Vollmehl), 5 dag Weizengrieß, 2 Eier, 2 EL Sauerrahm, Petersilie, Schnittlauch, Salz, Pfeffer, Muskatnuß – 15 dag Gorgonzola, ¼ l Rahm – Butterflöckchen

Den Buchweizen mit Wasser bedecken, einmal aufkochen, 20 Minuten leicht ziehen lassen, vom Herd wegnehmen und 1 Stunde quellen lassen. Den Buchweizen mit den übrigen Zutaten zu einem nicht zu festen Teig mischen, Knöderl formen und im Salzwasser kochen, bis sie aufsteigen. Herausnehmen, in eine mit Butter ausgestrichene, feuerfeste Form legen, mit Gorgonzolasoße übergießen, mit Butterflöckchen bestreuen und ¼ Stunde überbacken, bis die Oberfläche leicht bräunt.
Soße: Gorgonzola zerdrücken, mit dem Rahm bei schwacher Hitze erwärmen, bis sich der Käse aufgelöst hat und die Soße cremig wird. (Bild S. 44/45)

Hechtknöderl auf Blattspinat

1 kg Hecht (oder ½ kg Filet) – ¼ l Weißwein, ¼ l Wasser, Salz, 1 kleine Zwiebel, Wurzelwerk, 1 Lorbeerblatt – 4 Eiweiß – Brandteig: ⅛ l Milch, 6 dag Butter, Salz, 1 Msp. weißer Pfeffer, Muskat, 10 dag Mehl, 4 Dotter – ½ kg Spinat, Salz, Öl, Muskat

Den Hecht von Kopf, Schwanz und Flossen befreien, häuten, entgräten und die dunkle Haut der Bauchhöhle entfernen. Wein, Wasser, Salz, Zwiebel, Wurzelwerk, Lorbeerblatt und die Fischabfälle etwa 10 Minuten leicht kochen, den Sud abseihen, wieder überstellen, die ausgelösten Fischteile darin weichkochen, herausnehmen und faschieren. Das Eiweiß zu steifem Schnee schlagen, das Fischpüree unterziehen und kühl stellen.
Brandteig bereiten (S. 79) und die Fischmasse unterheben. Den Sud mit Wasser auffüllen, Knöderl formen und darin ziehen lassen. Spinat blanchieren und würzen. Die Knöderl darauf anrichten. (Bild S. 40/41)

Semmelknödel

6 Semmeln, Salz, ¼ l Milch, 2–3 Eier, 5 dag Butter, 1 kleine Zwiebel, Petersilie, 2 EL Brösel, 2 EL Mehl – Salzwasser oder Suppe

Semmeln würfelig schneiden, salzen, die Milch mit den Eiern versprudeln, über das Brot gießen und etwa ½ Stunde einziehen lassen. Damit die Eiermilch gleichmäßig aufgesaugt wird, dreht man die Masse mit einem Kochlöffel leicht um, doch nicht rühren, sonst schmiert der Teig und wird zäh. Die Zwiebel fein hacken, in heißer Butter goldgelb rösten und mit den Semmelbröseln, Mehl und feingewiegter Petersilie zugeben und leicht mischen. Die Knödel mit nassen Händen formen und in leicht kochendem Salzwasser 12 Minuten ziehen lassen. Stark kochende Knödel zerfallen leicht. Zur Sicherheit kann man einen Probeknödel kochen. Zu feste Knödel lockert man mit Eiermilch, zu weiche festigt man mit Bröseln oder Mehl.

Semmelknödel werden zu verschiedenen soßigen Fleischgerichten, aber auch abgeschmälzt mit Butter und Zwiebeln oder Bröseln zu Salat oder Kraut als Hauptmahlzeit gegessen, ebenso in Erbsen- oder Brennsuppe sowie zu Zwetschkenröstern.

Tiroler Fastenknödel
Sehr gebräuchlich sind in Tirol die in Butterschmalz herausgebackenen Semmelknödel. Auch diese werden anschließend in Salzwasser oder Suppe fertiggekocht. Diese Knödel bezeichnet man auch als *gebackene Knödel.*

Die oberösterreichischen *Broadknoan (Brotknödel)* werden wie die Semmelknödel bereitet, anstelle des Weißbrotes verwendet man auch kleinwürfelig geschnittenes Bauernbrot.

Buchweizenknöderl in Gorgonzolasoße (S. 38) ▷

Serviettenknödel

20 dag Knödelbrot (oder 5 Semmeln), 2 Eier, schwach ¼ l Milch, 3 dag Butter, 1 kleine Zwiebel, Petersilie, Salz – Butter für die Serviette – 2 dag Butter, 3 dag Brösel

Knödelteig bereiten und durchziehen lassen. Eine Serviette in heißes Wasser tauchen und gut ausdrücken. In der Mitte kreisrund gut bebuttern, die Knödelmasse einbinden, auf einem Kochlöffelstiel hängend im kochenden Salzwasser ¾ Stunden kochen, nicht ganz zudecken, damit der Dampf entweichen kann. Wenn das Wasser einkocht, kochendes Wasser nachgeben. Beim Herausnehmen die Serviette kurz in kaltes Wasser tauchen und auf ein Sieb zum Ausbinden legen. Einen Teller daraufstürzen und umstürzen zum Anrichten. Damit die Schnittfläche schön locker bleibt, mit einem Zwirnfaden teilen und mit gerösteten Bröseln bestreuen.
Einfacher ist es, den Knödel zu einer Rolle formen.

Erdäpfelknödel

75 dag mehlige Erdäpfel, 20 dag Mehl, 5 dag Grieß, 1 Ei, 4 dag Butter, Salz, Muskatnuß – Salzwasser

Frisch gekochte Erdäpfel heiß schälen und auf ein Brett oder in eine Schüssel pressen. Die trockenen Zutaten locker einmischen und mit der zerlassenen Butter und dem Ei zusammenkneten. Den Teig sofort verarbeiten, zu Knödeln formen und im leicht kochenden Salzwasser etwa 6–8 Minuten kochen.

Die Knödel können in mit Butter gerösteten Bröseln gerollt oder damit bestreut werden.

Bei Verwendung von griffigem Mehl werden die Knödel lockerer. 2 Dotter anstelle des ganzen Eies machen den Teig mürber. Grieß ist wasserbindend und festigt. Bei längerem Stehen werden Erdäpfelteige weich und schlecht formbar. Langes Kneten, wässerige Erdäpfel und zu starkes Salzen kann dasselbe bewirken.

Gemüseserviettenknödel

25 dag beliebiges Gemüse zurichten und halbweich kochen. Zusammen mit etwas Reibkäse oder Parmesan und 1 EL Mehl zur Knödelmasse geben. Zutaten und Verarbeitung wie vorher beschrieben. So können *Spinatserviettenknödel,* die Masse von Seite 46, jedoch ohne Mehl verwenden, gemacht werden. *Serviettenknödel nach Tiroler Art* erhalten 15 dag Schinken in die Knödelmasse. ▷

Grieß-Serviettenknödel

25 dag gekochte, passierte Erdäpfel mit 4 dag abgetriebener Butter, 2 Eiern, 1 EL Parmesan, ⅛ l Grieß und Salz verrühren und wie früher besprochen weiterverarbeiten.
Die Serviettenknödel eignen sich ausgezeichnet als Beilage zu Wildgerichten, soßigem Fleisch, aber auch als Hauptspeise mit Salaten und Kompotten.

Wickelknödel

Erdäpfelteig, in Butter geröstete Bröseln, zerlassene Butter – Salzwasser

Dünn ausgerollter Erdäpfelteig wird mit zerlassener Butter sparsam bestrichen und mit gerösteten Semmelbröseln vorsichtig bestreut. Dann schneidet man nicht zu große viereckige Stücke ab, rollt sie zusammen, drückt die Enden fest zu, das heißt, man zieht den äußeren, ungefetteten Teig darüber. In leicht kochendes Salzwasser einlegen und 10 Minuten ziehen lassen.
Die Wickelknödel schmecken besonders gut zu frischen Salaten oder zu Gemüse. Sie können aber auch zu Kompott gegessen werden.

Innviertler Kübelspeckknödel

Erdäpfelteig – 40 dag Surspeck, Schnittlauch oder Petersilie, Pfeffer

Speck ganz kleinwürfelig schneiden, mit den Kräutern und Pfeffer würzen, nußgroße Kugeln formen und kalt stellen. In eine Erdäpfelteighülle füllen und etwa 10 Minuten in Salzwasser kochen. Innviertler Kübelspeckknödel können auch mit einem Nudelteig oder Brandteig zubereitet werden.

Gebackene Speckknödel

In einer Pfanne Butter zergehen lassen, die Speckknödel eng nebeneinanderschlichten und im Rohr backen. Etwas Milch oder Obers mit Ei und Salz versprudeln und kurz vor Ende der Garzeit darübergießen und nochmals überbacken.

Grammelknödel können auf diese beiden Arten zubereitet werden. Grammeln salzen und faschieren.

Erdäpfelknöderl in Kräutersoße

50 dag mehlige Erdäpfel, 15 dag Weizenvollkornmehl, 5 dag Weizenvollkorngrieß, 1 Ei, Pfeffer, Muskatnuß, Salz
Bechamel: 2 dag Butter, 2 dag Mehl, schwach ¼ l Milch, Salz, Muskat, 1 Knoblauchzehe, 4 dag Parmesan, 2–3 EL Crème fraîche oder Sauerrahm, 4 EL Kräuter (Petersilie, Kerbel . . .)

Erdäpfel kochen, schälen, passieren und mit den übrigen Zutaten rasch zu einem Teig verkneten, kleine Knöderl formen und in Salzwasser so lange kochen, bis sie an die Oberfläche steigen. Die Knöderl sogleich herausnehmen, anrichten und mit Kräutersoße übergießen.
Soße: Butter mit Mehl glasig weiß rösten, mit Milch aufgießen, cremig rühren, würzen und mit Rahm verbessern.

Waldviertler Knödel

25 dag am Vortag gekochte Erdäpfel, 75 dag rohe Erdäpfel, etwas Erdäpfelmehl, 1 Prise Salz, Essig

Die gekochten Erdäpfel schälen und reiben.
Eine Schüssel halbvoll mit verdünntem Essigwasser füllen, ein Tuch einlegen und die geschälten, rohen Erdäpfel hineinreiben. Das Tuch herausnehmen, die Erdäpfel gut ausdrücken. Den zurückgebliebenen Erdäpfelklumpen mit den gekochten vermischen, nur wenig salzen, etwas Erdäpfelmehl zugeben und zu einem glatten Teig kneten. Mit nassen Händen Knödel formen, in kochendes Salzwasser einlegen und ziehen lassen, bis sie sich drehen.
Waldviertler Knödel passen ausgezeichnet zu Schweinsbraten, Selchfleisch oder auch zu einer sogenannten Eintauchsoß aus gerösteten Zwiebeln, mit etwas Knödelwasser aufgegossen und mit Knoblauch und Kümmel gewürzt. (Bild S. 56/57)

Dem Waldviertler Knödel ähnlich sind die oberösterreichischen *Reiberknödel.*

Mühlviertler G'hackknödel

Nudelteig: 25 dag Mehl, Salz, 1 EL Öl, 1 Ei, Wasser
Fülle: je 15 dag gekochtes oder gebratenes Rindfleisch, Schweinefleisch oder Surfleisch, Geselchtes, Wurstreste, 1 Zwiebel, 1 Knoblauchzehe, Salz, Pfeffer, Petersiliengrün, 1 EL Fett, Majoran
Rohes Faschiertes vorher durchrösten.

Aus Mehl, Salz, Öl und Wasser (evtl. Ei – bindet besser) einen nicht zu festen Nudelteig machen, glatt kneten, eine Rolle formen, gut 1 cm dicke Scheiben abschneiden, knödelgroße Flecken ausrollen, füllen, zusammendrehen und in Salzwasser etwa 15 Minuten kochen.
Fülle: Fleisch und Wurst fein hacken (nicht faschieren), gut würzen, kleine Kugerl formen.
Die G'hackknödel kann man auch aus Erdäpfelteig bereiten.

In anderen Gegenden Oberösterreichs werden die G'hackknödel *Bratknödel* genannt.

Mondseer Knödel

Nudelteig aus 25 dag Mehl, 1 Ei, Salz und Wasser – etwas Butter und Grieß, Schnittlauch – (evtl. auch gekochtes Rindfleisch, Wurstreste oder Grammeln)

Wie vorher einen mittelfesten Nudelteig bereiten, Scheiben abschneiden, diese auswalken, kurz übertrocknen lassen. Mit zerlassener Butter bestreichen, in die Mitte etwas Grieß und Schnittlauch geben (oder kleingehacktes Rindfleisch oder Wurstreste oder auch Grieß und geröstete Grammeln), die Ränder der Teigscheiben zur Mitte übereinanderschlagen, in der Mitte mit einem Zahnstocher befestigen und in Salzwasser 10–15 Minuten langsam kochen. Man kann diese Knödel auch wie zu Maultaschen zusammenlegen. Sie werden in einer Fleischsuppe oder zu Sauerkraut gegessen.
Diese Knödel werden auch als *z'sammg'legte Knödel* bezeichnet. Man findet sie ebenso im salzburgischen Flach- und Tennengau.

Waldviertler Knödel zu Schweinsbraten (S. 53) ▷

Salzburger Fleischknödel

Nudelteig: 30 dag Mehl, Salz, 1 Ei, 5–6 EL Milch
Fülle: je ca. 15 dag Rindfleisch, Schweinsschulter und Kalbsnuß, Salz, Pfeffer, Fett, 1 Zwiebel, Kümmel, Petersilie, Paprika

Fülle: Fleisch stifteln, im heißen Fett anbraten, innen soll es roh bleiben. Das ausgekühlte Fleisch mit dem Wiegemesser fein zerkleinern. Zwiebel hacken und goldgelb rösten, das Fleisch und den Fleischsaft zugeben, würzen und durchrösten. Fülle auskühlen lassen.
Mehl, Salz, Ei und Milch mischen, kneten, ½ cm dick ausrollen, Scheiben ausstechen, darauf je einen Kaffeelöffel voll Fülle legen, Knödel formen und in Salzwasser 15 Minuten kochen. Dazu wird Sauerkraut, Salat oder Gemüse gegessen.

Bei den *Kremstaler Fleischknödeln* wird die Fülle mit einem Ei und etwas Sauerrahm abgebunden und nur mageres Schweinefleisch verwendet.

Kärntner Fleischknödel

20 dag gekochtes Selchfleisch, 20 dag rohen Speck, Mehl, Salz, Wasser, 1–2 Eier – Butter oder Speckfett zum Abschmälzen

Selchfleisch und Speck kleinwürfelig schneiden und etwas abrösten. Flüssiges Fett abgießen. Dann soviel Mehl (evtl. Vollmehl, Hafermark oder Heidenmehl) beigeben, bis sich alles bindet. Leicht salzen, mit Wasser bespritzen, Eier zufügen und gut abmischen. Mit feuchten Händen Knödel formen und in kochendes Salzwasser einlegen. Die fertigen Knödel sollen dicht gebunden sein. Zur Vorsicht zuerst einen Probeknödel einkochen. Evtl. etwas Mehl oder Ei nachgeben, sollte die Masse nicht gut zusammenhalten.
Die Knödel etwas abschmälzen und zu Sauerkraut, Sauren Rüben oder einem rohen Salat auftragen. Sie können auch in der Knödelsuppe reichlich mit Schnittlauch überstreut gegessen werden.

Böhmische Knödel

2 Semmeln, 2 dag Butter – 20 dag griffiges Mehl, Salz, ⅛ l Milch, 1 Ei, evtl. Petersilie

Semmeln kleinwürfelig schneiden und in Butter rösten. Mehl, Salz, Milch und Ei zu einem glatten Nokkerlteig verrühren, mit den Semmeln mischen und etwas stehen lassen. Mit Mehl eine 7 cm dicke Rolle machen und diese in Salzwasser eine schwache halbe Stunde zugedeckt kochen, mit einem Zwirnsfaden Scheiben schneiden und anrichten. Mit brauner Butter oder gerösteten Bröseln übergießen.
Man kann den Teig auch mittels eines in Wasser getauchten kleinen Schöpfers ausstechen und so ins Salzwasser gleiten lassen und 15 Minuten kochen.

Böhmische Knödel aus Germteig: 20 dag Mehl, 1 dag Germ, 1 KL Zucker, ⅛ l Milch, 1 Ei und Salz. Die Zubereitung bleibt sonst gleich. Die Semmelwürfel werden nach dem Aufgehen des Teiges eingearbeitet. Böhmische Knödel eignen sich als Beilage zu soßigem Fleisch. ▷

Mehlknödel

25 dag helles Mehl, 1–2 EL zerlassenes Fett oder Öl, Salz, kochendes Wasser

Mehl mit Fett und Salz mischen, mit soviel kochendheißem Wasser vermischen, daß eine trockene, fast noch krümelige Masse entsteht. Sie darf kein Teig sein, eher nur feucht. Davon kleine Knödel formen, fest zusammendrücken und sofort in kochendes Salzwasser geben und 15 Minuten zugedeckt kochen. Die Knödel sollten, wenn man sie auseinanderschneidet, innen noch staubig sein.

Noch schwerer verdaulich dürften die sogenannten *Vorschußknödel* sein, die aus Roggenmehl vom ersten Mahlgang bereitet werden. Diese werden mit kaltem Wasser und ohne Fett angemacht, ¼ des Mehles wird zum Ausformen verwendet.
Diese auffällig sparsamen Knödel dürften die ursprünglichsten sein und sich durch die schnelle Zubereitung so lange gehalten haben.

Räuberknödel

1 kg rohe Erdäpfel, 3 dag Butter, Salz, 2 EL feingehackter Porree, 25 dag Knödelbrot

Erdäpfel schälen, reiben, nicht auspressen und mit der zerlassenen Butter und den übrigen Zutaten gut abmischen. Diesen Teig eine halbe Stunde stehen lassen und dann nochmals gründlich durcharbeiten. Daraus Knödel formen und im kochenden Salzwasser offen 20 Minuten leicht kochen.

Die Räuberknödel werden auch aus einer Mischung von gekochten und rohen Erdäpfeln, mit Topfen und Ei hergestellt.

Hirseknödel

20 dag Hirse, ½ l Milch, Salz, 2 dag Butter, Muskat, 1 Ei, 2 EL Mehl (evtl. Vollmehl) – Salzwasser – Butter und Reibkäse zum Drübergeben

Milch, Salz und Butter aufkochen, Hirse einrühren, sofort auf schwache Wärme zurückschalten, die Hirse 20 Minuten ziehen lassen. Dazwischen immer wieder umrühren. Von der Platte wegstellen und weitere 15 Minuten ausquellen lassen.
In die überkühlte Masse Ei und Muskat einrühren, mit Mehl festigen, Knödel formen und im leicht kochenden Salzwasser 12 Minuten ziehen lassen. Die Knödel anrichten und mit zerlassener Butter und Reibkäse abschmälzen. Dazu ißt man am besten frischen Salat oder Gemüse.
In Niederösterreich mischt man gerne gewiegtes Selchfleisch unter die Hirsemasse.

Germknödel (S. 74) ▷

Hirnknödel
aus Südtirol

6 trockene Semmeln, 2 Eier, ⅛ l Milch, 8 dag Bauchspeck, 1 Zwiebel, 1 Kalbshirn, 10 dag Topfen, 2–3 EL Mehl, 1 Knoblauchzehe, Schnittlauch, Salz, Brösel, 8 dag Butter

Semmeln feinwürfelig schneiden und mit der Eiermilch übergießen. Kleingeschnittenen Speck und Zwiebel anrösten. Das Hirn blanchieren, häuten und klein hacken, zusammen mit dem Topfen, der Zwiebel-Speck-Mischung, Mehl, Schnittlauch, Salz und Knoblauch unter das Brot mischen. Die Masse eine halbe Stunde rasten lassen. Falls die Masse etwas zu feucht sein sollte, Brösel zugeben. Kleine Knödel formen, in Salzwasser ca. 15 Minuten leicht kochen. Mit viel Schnittlauch und zerlassener Butter servieren.
Man kann die Hirnknödel auch in einer kräftigen Fleischsuppe servieren.

Königsberger Klopse

2 altbackene Semmeln, 6 Sardellenfilets, 1 kleine Zwiebel, 50 dag Faschiertes, 1 EL geriebener Käse, 1 Ei, Muskat, Salz – 3 dag Butter, 3 EL Mehl, ⅜ l Fleischsuppe, ⅛ l Weißwein, 2 EL Kapern, Salz, Zitronensaft – 4 EL Obers, 1 Dotter

Semmeln in lauwarmem Wasser einweichen, Sardellen wiegen, Zwiebel würfeln. Das Faschierte zusammen mit dem ausgedrückten Brot, den Sardellen, Zwiebelwürfeln, dem Käse, Ei, Muskat und dem Salz verkneten und 10 Minuten durchziehen lassen.

Mit Mehl und Butter eine helle Einmach bereiten, mit Suppe aufgießen und unterrühren, einige Minuten kochen lassen, Wein und Kapern zugeben, mit Salz und Zitronensaft abschmecken. Kleine Knöderl formen, in die Soße einlegen und bei milder Hitze gar ziehen lassen. Obers und Dotter versprudeln, die Soße damit binden, aber nicht mehr kochen. Mit Erdäpfelpüree servieren.

Feine Grießknödel

6 dag Butter, ¼ l Milch, Salz, 12 dag Grieß – 3 dag Butter, 2 Semmeln – 2 Eier, Petersilie, Muskat – Salzwasser

Butter, Milch und Salz aufkochen, Grieß dazugeben und so lange rühren, bis die Masse einen weichen Knödel bildet. Die Semmeln kleinwürfelig schneiden und in heißer Butter leicht anrösten. Sobald die Grießmasse etwas überkühlt ist, die Semmelwürfel, Eier und Gewürze gut einmischen und noch etwas ziehen lassen. Mit einem nassen Löffel und einer nassen Hand Knödel formen und diese im kochenden Salzwasser 10 Minuten ziehen lassen.

Diese Grießknödel passen besonders gut zu eingemachtem Kalbfleisch, Rindszunge, Pilzgerichten, Gemüse, aber auch bezuckert und mit Butter abgeschmälzt zu Kompotten.

Schwemmknödel

4 dag Butter (oder Schmalz), 3 Eier, 3 EL Rahm, Salz, Pfeffer, Petersilie, 25 dag Grieß, Milch

Butter mit den Eiern und Rahm kurz abtreiben, Salz, Pfeffer und feingehackte Petersilie beigeben, den Grieß langsam einrühren. Nach Bedarf etwas Milch zugeben, bis ein formbarer Teig entsteht. Die Masse eine halbe Stunde quellen lassen, kleinere Knödel formen und in Salzwasser kochen. Schwemmknödel kommen aus Niederösterreich.

Die oberösterreichischen *Braunen Grießknödel* sind ähnlich. Statt Milch wird mehr Rahm verwendet. Zusätzlich kommen 3 kleinwürfelig geschnittene Semmeln in den Teig. Nach dem Rasten werden die kleingeformten Knödel in heißem Fett schwimmend gebacken. Dann werden sie noch je nach Größe 10–15 Minuten in Salzwasser gekocht.
Sie passen zu Süßem wie Zwetschkenröster und ebenso zu Salaten, Sauerkraut oder Soßen.

Grießknödel
aus abgebranntem Grieß

25 dag Grobgrieß, 5 dag heißes Schmalz (von Butter, Schweinefett oder 8 dag Speckwürfel ausgebraten), ¼ l kochendes Salzwasser

Grieß mit Schmalz übergießen, verrühren und mit dem Salzwasser abbrühen, zudecken und 1 Stunde stehen lassen. Kleinere Knödel formen und vorsichtig in leicht kochendem Salzwasser zugedeckt 5–8 Minuten ziehen lassen. Zu fette Knödel zerfallen. Sie passen als Beilage zu Soßen, Beuschel, Geselchtem mit Kraut, zu gekochtem Rindfleisch mit Semmelkren wie auch mit Zwetschkenröster.

In manchen Gegenden werden diese Grießknödel mit ausgebratenen Speckwürfeln und mit Selchsud zu einer feuchten Masse gemischt. Die Zugabe von Eiern zu diesen Knödeln macht sie eher hart.

Geselchtes und Grießknödel sind ein oberösterreichisches Nationalgericht.

Grießknödel mit Erdäpfeln

25 dag gekochte Erdäpfel, 25 dag Grieß, 8 dag Speck oder 4 dag Butter, 1 Ei, Salz

Die frisch gekochten Erdäpfel heiß zerdrücken, den gerösteten Speck, das Ei, Salz und etwa die gleiche Menge Grieß wie Erdäpfel zusammenkneten, ziehen lassen, Knödel formen und kochen.

Holzhackerknödel

3 Schöpfer Grobgrieß, 1 Schöpfer Mehl, 6 dag Schmalz, Salz, Milch – Backschmalz

Grieß und Mehl mischen, salzen und mit siedender Milch anrühren. Rasten lassen, bis der Teig nicht mehr zu locker ist, Knödel formen, in heißem Fett schwimmend backen, in eine Rein geben, mit Milch übergießen und zugedeckt im Rohr dünsten.

Grießknödel zu Geselchtem ▷

Germknödel

Germteig: 25 dag Mehl, 1 dag Germ, 1 EL Zucker, ⅛ l Milch, 1 Dotter, 2 dag Butter, Salz – 10 dag Powidl – geriebener Mohn, Butter und Staubzucker

Mehl in eine Schüssel geben, Grübchen machen, Germ hineinbröseln, mit Zucker und etwas warmer Milch (nicht über 40° C) breiig anrühren, Mehl darüberstreuen, zudecken und gehen lassen. Butter in der Milch auflösen und mit dem Dotter und Salz zum Mehl geben. Der Teig soll mittelfest sein. Gut durchschlagen, bis er sich vom Gefäß löst. Die Oberfläche wieder mit Mehl bestäuben, zudecken und an einem warmen, zugfreien Ort bis zum doppelten Volumen gehen lassen.
Den Teig nicht mehr zusammenkneten, sondern 1 cm dick ausrollen und in Quadrate von 10 cm schneiden. Man kann aber auch eigroße Nockerln herausstechen und diese etwas auseinanderziehen. In die Mitte jeweils etwas Powidl geben und die Teigränder über der Fülle zusammendrücken. Die

Knödel zugedeckt gehen lassen, bis sie sich leicht anfühlen.
Mit der Oberseite nach unten, nicht zu dicht in leicht kochendes Salzwasser geben, zugedeckt 5 Minuten auf der einen Seite kochen, umdrehen, mit einer Nadel einstechen und 5 Minuten offen auf der anderen Seite kochen.
Sie dürfen dann nicht im Wasser liegen bleiben, sondern müssen sofort herausgenommen und mit einer Nadel eingestochen oder zwei Gabeln auseinandergerissen werden, damit der Dampf entweichen kann und die Knödel nicht zusammenfallen.
Anrichten, mit Mohn, Zucker und heißer Butter übergießen und sofort servieren.
Man kann die Germknödel auch auf einem befetteten Einsatz im Dampf oder noch einfacher im Mikrowellengerät zubereiten. (Bild S. 65)

Die *Osttiroler Milchknödel* sind in gesüßter Milch gekochte Germknödel. Nach dem Einstechen mit Kakao und Zucker bestreuen.

Obstknödel

Obstknödel sind mit den verschiedensten frischen, eingelegten und getrockneten Früchten als Fülle in den unterschiedlichsten Teigmänteln und Ausfertigungen beliebte Haupt- und Nachspeisen.

Marillenknödel

20 Marillen sorgfältig waschen und abtrocknen. Anstelle des Kernes steckt man ein kleines Stück Würfelzucker in die Marille. Eine besonders lukullische, aber auch zeitaufwendige Füllung ist, eine Mandel mit Marzipan zu umhüllen und sie als Kern in die Marille zu geben.
Wählen Sie einen der nachfolgend beschriebenen Teige und auch die beliebige Ausfertigung aus.

Ähnliches gilt auch für alle übrigen Obstknödel wie: *Zwetschkenknödel, Pfirsich- oder Birnenknödel, Kirschen- oder Traubenknödel, Weichsel- oder Erdbeerknödel, Apfelknödel.* ▷

Teige für Obstknödel

Erdäpfelteig

50 dag Erdäpfel, 10 dag griffiges Mehl, 3 dag Grieß, 2 dag Butter, 1 Dotter oder 1 kleines Ei, Salz, Muskatnuß

Mehlige Erdäpfel kochen, schälen, heiß passieren, mit Mehl, Grieß (lockert), zerlassener Butter, dem Dotter und Gewürzen rasch zu einem Teig verarbeiten. Kartoffelteig nicht lang bearbeiten, sonst wird er zäh; auch nicht zuviel salzen, sonst wird er weich. Den Teig entweder zu einer Rolle formen, dünne Scheiben abschneiden, mit Frucht belegen, gut einwickeln und in Salzwasser vorsichtig kochen. Man kann den Teig auch ausrollen, Rechtecke ausradeln, mit Frucht belegen und zu Knödeln drehen. Sobald der Knödel aufsteigt, mit einem Seihschöpfer herausnehmen und wie nachfolgend beschrieben ausfertigen.

Brandteig
für Obstknödel

¼ *l Milch, Salz, 5 dag Butter, 22 dag Mehl, 1 Ei*

Die Milch salzen und zusammen in einem engen Topf zum Kochen bringen, das Mehl auf einmal in die Flüssigkeit schütten und mit dem Kochlöffel so lange rühren, bis sich der Teig vom Rand löst, klumpt und glänzt. Den Topf vom Herd nehmen und den Teig kurz überkühlen. Dann das Ei bindig einrühren, eine Rolle formen, Scheiben abschneiden, diese flachdrücken, füllen, dicht abrollen und wieder im Salzwasser vorsichtig kochen. Nie zu viele Knödel auf einmal kochen.

Topfenteig
für Obstknödel

30 dag Topfen, 2 EL griffiges Mehl, 2 EL Brösel, 1 Ei, Salz – Salzwasser

Topfen, Mehl, Brösel, Salz und Ei gut mischen und kurz ziehen lassen. Sollte der Teig zu weich sein, mit Bröseln oder einem Löffel Grieß festigen. Mit einem Löffel Teig abstechen, die Frucht einwickeln und vorsichtig in Salzwasser kochen. Ausfertigung siehe Seite 84.
Dies ist sowohl die schnellste Möglichkeit, Obstknödel herzustellen, als auch die gesündeste.

Topfenknödel in Marillensoße (S. 85) >

Strudelteig
für Obstknödel

20 dag Mehl, etwa 1/8 l lauwarmes Wasser, je 1 EL Öl und Essig, Salz, 1 kleines Ei

Aus den Zutaten einen eher weicheren Teig mischen. Diesen kneten und so lange auf den Tisch schlagen, bis er trocken, glatt und feinblasig ist. Das Laibchen unter einer warmen Schüssel ungefähr 1 Stunde rasten lassen. Nun kann man entweder eine etwa 3 cm dicke Rolle formen, ½ cm Scheiben abschneiden und jede einzelne zu einem sehr dünnen Häutchen ausziehen, die Frucht einhüllen und weiterverarbeiten.
Der Teig kann auch sehr dünn ausgerollt werden, zu Quadraten geschnitten und so weiterverarbeitet werden.
Strudelteigobstknödel sind sehr fein, aber auch arbeitsintensiv.

Südtiroler Apfelknödel

50 dag Äpfel, 1 Prise Salz, 1 Ei, 5 dag Brösel, 5 dag griffiges Mehl, 1 EL Zucker, Zimt, Vanillezucker, evtl. Brösel nach Bedarf zum Nachtrocknen – Zimt, Zucker und etwas Butter zum Abschmälzen

Äpfel feinwürfelig schneiden, salzen, das Ei zugeben, ebenso die Brösel, Gewürze und zum Schluß das Mehl. Sollte die Masse zu feucht sein, mit weiteren Bröseln festigen. Knödel formen und vorsichtig im leicht kochenden Salzwasser etwa 15 Minuten garen. Mit Zimt und Zucker bestreuen und etwas brauner Butter übergießen. (Bild S. 88/89)

Als Hauptspeise die Menge verdoppeln.

Andere Obstknödelzubereitungsmethoden finden Sie bei den ausgezeichneten Apfelknödeln, oder Sie können auch einen Semmelteig mit Kirschen füllen oder einen Nudelteig wie bei den Fleischknödeln oder andere Topfen- und Mehlteige verwenden.

Ausfertigung der Obstknödel

Ca. 5 dag Brösel, 5 dag Butter, 3 dag Zucker, evtl. Zimt

- Brösel trocken leicht rösten, Butter darin zerlassen, auskühlen lassen, mit Staubzucker mischen und die Knödel darin rollen. Oder die Knödel in der heißen Semmelbuttermischung drehen und mit Staubzucker bestreuen.
- Haselnüsse trocken rösten, auskühlen lassen, reiben und die Knödel darin rollen. Anzuckern. Gut schmecken auch geriebene Mandeln.
- Die Knödel in geriebenem Lebkuchen zu rollen entspricht der böhmischen, aber auch Waldviertler Art.
- Manchmal werden die Knödel noch zusätzlich mit gebröseltem Topfen bestreut.
- Für Zwetschkenknödel eignet sich auch geriebener Mohn und Staubzucker und heiße Butter.

Feine Topfenknödel

8 dag Butter, 2 Dotter, 20 dag Topfen, 2 Semmeln, 8 dag Mehl, 2 EL Rahm, Salz, 2 Eiweiß – Salzwasser – 4 dag Butter, 6 dag Brösel

Butter mit Dotter flaumig rühren, mit dem Topfen, den feinwürfelig geschnittenen Semmeln, Mehl, Rahm, Salz und dem steifen Schnee vermengen. Knödel formen und in Salzwasser etwa 6–8 Minuten kochen. Die fertigen Knödel aus dem Wasser nehmen und mit gerösteten Bröseln bestreuen. Nach Belieben werden sie angezuckert.

Topfengrießknödel

10 dag Butter, 1 Ei, Salz, 15 dag Grieß, 25 dag Topfen

Abtrieb bereiten, anziehen lassen, Knödel formen und im Salzwasser leicht kochen.
Schnelle Zubereitung *Topfenknödelteig* siehe S. 80.

Gebackene Waldviertler Mohnknödel

Erdäpfelteig wie für Obstknödel
Fülle: ⅛ l Milch, 3 EL Zucker, Zitronenschale, Zimt, 1 EL Rum, 20 dag Mohn, 2 dag Butter

Den Erdäpfelteig zu einer Rolle formen, Scheiben abschneiden, mit Mohnfülle belegen und schließen. Die geformten Knödel flachdrücken und auf einem befetteten Blech im Rohr goldgelb backen.
Fülle: Milch und Zucker aufkochen, Butter, gut geriebenen oder gestoßenen Mohn zugeben, würzen, auskühlen lassen.
Diese Mohnknödel werden auch aus Nudelteig gemacht oder aus einem Teig wie zu den Waldviertler Erdäpfelknödeln.

Palffyknödel mit Preiselbeersoße

8 dag Butter, 6 dag Staubzucker, Vanille, Zitronenaroma, 1 Prise Salz, 5 Eier, ¼ l Milch, 20 dag Knödelbrot, 5 dag Rosinen – Butter für die Serviette – Staubzucker, Zimt und Butter
Soße: 25 dag Preiselbeerkompott, ½ Glas Läuterzucker (2 EL Zucker und 4 EL Wasser gut verkochen), 2 EL Rum, Zimt, etwa ⅛ l Crème fraîche

Knödelbrot mit Milch übergießen und durchziehen lassen. Von den anderen Zutaten einen cremigen Abtrieb bereiten, mit den Rosinen und dem Knödelbrot mischen und 20 Minuten ziehen lassen. Eine nasse Serviette mit Butter bestreichen, Knödelmasse einbinden und 30 Minuten in Salzwasser kochen. Dann aus der Serviette nehmen, in Scheiben teilen, mit Zimt, Zucker und zerlassener Butter übergießen und mit Preiselbeersoße servieren.
Soße: Preiselbeerkompott und Läuterzucker mixen und mit Rum, Zimt und Crème fraîche verrühren.

Südtiroler Apfelknödel (S. 83) ▷

Kapuzinerknöderl

4 Semmeln, Milch – 4 dag Butter, 2 Dotter, 2 dag Staubzucker, Zitronenschalen, 4 dag Walnüsse oder Mandeln – 2 Eiweiß, 1 Prise Salz, Brösel zum Festigen, Öl, 5 dag geriebene Schokolade, 5 dag Kristallzucker – Fruchtsaft, Vanillesoße oder Weinchaudeau

Semmeln vierteln, in Milch erweichen, gut ausdrükken und passieren. Von Butter, Dotter und Staubzucker einen cremigen Abtrieb bereiten, würzen, geriebene Nüsse und den Semmelbrei unterziehen. Schnee schlagen, unter die Semmelmasse ziehen, mit Bröseln festigen, kleine Knöderl formen und im heißen Fett herausbacken. Noch heiß in der Schoko-Zucker-Mischung rollen. Heiß mit Fruchtsaft, Vanillesoße oder Weinchaudeau servieren.

Register

Apfelknödel 76
Apfelknödel, Südtiroler 83, *88/89*
Bergnocken 23
Birnenknödel 76
Böhmische Knödel 60, *61*
Böhmische Knödel aus Germteig 60
Brätknöderl, Vorarlberger 14
Broadknoan (Brotknödel) 43
Bröselknöderl 15
Buchweizenknöderl in Gorgonzolasoße 38, 44/45
Bunte Knöderl 19
Erdäpfelknödel 47
Erdäpfelknödel in Kräutersoße 52
Erdbeerknödel 76
Fastenknödel, Tiroler 43
Fleischknödel, Brandenberger 27
Fleischknödel, Kärntner 59
Fleischknödel, Kremstaler 58
Fleischknödel, Obersteirische 27
Fleischknödel, Salzburger 58

Fleischknödel, Zillertaler 27
Gemüseserviettenknödel 48, *49*
Germknödel 74, *65*
Geröstete Knödel 23
G'hackknöderl, Mühlviertler 54
Grammelknödel 51
Grießserviettenknödel 48
Grießknödel 68, *72/73*
Grießknödel, braune 69
Grießknödel mit Erdäpfeln 71
Grießknödel aus gebranntem Grieß 70
Grüne Knöderl (Kräuterknöderl) 16
Grünkernknöderl 20
Hechtknöderl auf Blattspinat 39, *40/41*
Hirnknöderl 16
Hirnknödel aus Südtirol 66
Hirseknödel 64
Hoadnknödel (Heidenmehlknödel) 26
Hochzeitsknödel, Steirische 31
Holzhackerknödel 71
Hühnerfleischknödel 14
Kalbfleischknödel 14

Kapuzinerknöderl 90
Kasknödel 34, *17*
Kirschenknödel 76
Königsberger Klopse 67
Krautknödel 37
Kübelspeckknödel, Innviertler 51
Leberknödel 30
Leberknödel, bachene 30
Leberknödel, gebackene 28, *29*
Marillenknödel 76, *77*
Markknöderl 18
Mehlknödel 62
Mohnknödel, Waldviertler 86
Mondseer Knödel 55
Obstknödel 76
Obstknödel, Teige für 78
Obstknödel, Zubereitung 84, *8/9*
Palffyknödel mit Preiselbeersoße 87
Pfirsichknödel 76
Pilzknödel 36
Preßknödel (Zerggl) 34, 35
Räuberknödel 63

Reiberknödel 53
Saure Knödel 23
Schwarzplentenknödel, Tiroler 26
Schwemmknödel 69
Semmelknödel 42
Serviettenknödel 46
Serviettenknödel nach Tiroler Art 48
Speckgrießknöderl 18
Speckknödel, Tiroler 21, *24/25*
Speckknödel, gebackene 51
Spinatknödel 32, *33*
Spinatserviettenknödel 48
Topfengrießknödel 85
Topfenknödel 85, *81*
Traubenknödel 76
Tris 19
Vorschußknödel 62
Waldviertler Knödel 53, *56/57*
Weichselknödel 76
Wickelknödel 50
Z'sammg'legte Knödel 55
Zwetschkenknödel 76

Maria Drewes
Tiroler Küche

Ein Spezialitätenkochbuch mit 480 Rezepten und einer kleinen Kulturgeschichte der Tiroler Küche von Otto Kostenzer.
168 Seiten, 15 Farbfotos von Gustav Sonnewend auf Bildtafeln. 8. Auflage
Das Buch ist eine Fundgrube für erprobte Rezepte von Tiroler Gerichten. Die mannigfachen und schmackhaften Tiroler Spezialitäten lassen sich sehr gut und harmonisch mit den Erkenntnissen der modernen Ernährungswissenschaften verbinden.
Die „Gastronomische Akademie Deutschlands“ hat dieses Erfolgsbuch mit einer Silbermedaille ausgezeichnet.

Tiroler Küche – Miniausgabe

Eine kleine Rezeptauswahl zum Kennenlernen
96 Seiten, 10,5 × 12 cm, 15 Farbbilder

Maria Drewes
Das Knödelbuch